아름다움을
말하자

아름다움을 말하자

초판인쇄 2025년 10월 15일
초판발행 2025년 10월 15일

지은이 조육현
펴낸이 이해경
펴낸곳 (주)문화앤피플뉴스
등록번호 제2024-000036호
주소 서울 중구 충무로2길 16, 4층 403호 (충무로4가, 동영빌딩)
대표전화 02)3295-3335
팩스 02)3295-3336
이메일 cnpnews@naver.com
홈페이지 cnpnews.co.kr

정가 13,000원
ISBN 979-11-94950-12-7 (03810)

※ 이 시집은 문체부 한국예술인복지재단 창작지원금으로 출간되었습니다.
※ 이책은 전부 또는 일부 내용을 재사용하려면 반드시 저작권자와 도서출판
  문화앤피플의 동의를 받아야 합니다.
※ 이 도서의 국립중앙도서관 출판시도서목록(CIP)은 서지정보유통지원시스템
  홈페이지(http://seoji.go.kr)와 국가자료공동목록시스템(http://www.go.kr/kolisnet)
  에서 이용하실 수 있습니다.
※ 이 책은 교보문고와 연계하여 전자책으로도 발간되었습니다.
※ 이 책은 국립중앙도서관 홈페이지에서 검색 가능합니다.
  잘못 만들어진 책은 바꿔드립니다.

아름다움을 말하자

조육현 시집

문화앤피플

/ 시인의 말 /

시집, 아름다움을 말하자. 시집을 내면서

 삭막한 도시의 회색빛 풍경 속, 문득 고개를 돌리면 한 줄기 햇살처럼 다가오는 순간이 있다. 붐비는 지하철 안, 무심한 표정들 사이에서도 유독 반짝이는 눈빛을 발견할 때처럼. 낡은 골목길 담벼락 아래, 이름 모를 들꽃 한 송이가 바람에 흔들리는 모습을 볼 때처럼. 그 찰나의 아름다움을 놓치지 않고, 마음속 깊이 새겨 넣는 것에서 이야기는 시작된다.
 가장 먼저, 침묵을 깨고 용기를 내어 속삭여보자.
 "당신의 미소가 참 아름답습니다."
 "오늘따라 당신의 눈이 별처럼 빛나는군요."
 어색함도 잠시, 진심을 담은 한마디는 메마른 가슴에 작은 파문을 일으킨다. 칭찬을 건네는 순간, 나 또한 따뜻한 기운에 휩싸이며 행복해지는 것을 느낄 수 있다.
 어느 날, 퇴근길 공원에서 마주친 벤치에 앉아있는 노부부에게도 인사를 건네보자. "두 분의 모습이 참 아름다우십니다." 주름진 얼굴에 번지는 미소, 서로를 향한 따뜻한 눈빛은 삭막한 도시를 훈훈하게 녹인다. 그들의 사랑은 오랜 세월 동안 켜켜이 쌓인 아름다운 이야기처럼, 깊은 감동을 선사한다.

  나는 이 작은 실천들이 세상을 변화시키는 마법이라고 믿는다.무관심과 냉소로 가득한 세상에, 따뜻한 말 한마디가 희망의 씨앗을 심을 수 있다고 믿는다. 그래서 나는 오늘도 붓을 들고, 아름다움을 노래하는 시를 쓴다. 나의 詩가 당신의 마음에 작은 위로가 되고, 세상을 아름답게 바라보는 용기를 주기를 소망한다.

  "아름다움을 말하자"라는 나의 시집이, 당신의 삶에 스며드는 작은 속삭임이 되어,차가운 겨울을 녹이는 따스한 햇살이 되기를.그리고 마침내, 당신 안의 잊혀진 아름다움을 일깨워, 세상 가장 눈부신 꽃으로 피어나게 하리라 믿는다.

2025년 가을에 조육현

차례

- 시인의 말 _ 04

1· 아름다움을 말하자
- 아름다움을 말하자 _ 12
- 시간의 예술가 _ 13
- 산과 물처럼 _ 14
- 라면, 60년의 희로애락 _ 16
- 삼길포, 그리움의 바다 _ 18
- 남은 삶 -시계 _ 19
- 문경 영신 숲길에서 _ 20
- 개천절 (민조시) _ 21
- 여름, 나답다 _ 22
- 만족의 미학 _ 23
- 비 내리는 골목길 _ 24
- 조약돌 _ 25
- 저어새. 갯벌의 춤사위 _ 26
- 6.25 기억의 노래 _ 27
- 비 오는 날의 잔향 _ 28
- 공주 금강 둔치길 _ 29
- 윤동주. 별빛에 새긴 나라 _ 30
- 현충일 70주년 _ 31
- 한글날 (민조시) _ 32
- 이장移葬 _ 33
- 새롭게 하소서 _ 34
- 해송海松 _ 36
- 비 갠 하늘 아래, 마음 한 조각 _ 38
- 광복 팔십 주년 _ 39
- 대합실의 밤 _ 40
- 무회인락無悔人樂 _ 41
- 심여수心如水 _ 42
- 소래포구 삶의 옹기 _ 43

2. 소중한 시간들

- 조계산, 천년의 고요를 담아 _ 46
- 순천만 연가戀歌 _ 47
- 선인장, 가시의 눈물 _ 48
- 황금빛 가을, 추억을 더하다 _ 49
- 오이도의 젖은 낭만 _ 50
- 돌아보니 _ 51
- 쌀의 날, 아버지의 밥상 _ 52
- 소중한 시간들 _ 54
- 별 헤는 밤 _ 56
- 그 시절의 기억 _ 57
- 회춘 _ 58
- 비 갠 하늘 아래, 마음 한 조각 _ 59
- 함평천지, 하늘과 땅의 어울림 _ 60
- 입추, 희망을 심다 _ 61
- 탐욕의 그림자 _ 62
- 햇살의 고독 _ 63
- 나주곰탕의 깊이 _ 64
- 칠월의 빗방울 _ 65
- 갈릴리 바다의 기적 _ 66
- 오륙도 _ 68
- 삶의 향기 _69
- 시간의 강가에서 _ 70
- 벗이여 황혼녘 삶의 아름다움을 _ 71
- 詩 쓰는 밤 _ 72
- 돌의 심장에 숨겨진 가락 _ 73
- 콘크리트 숲의 자화상 _ 74
- 활자 속의 겨울 _ 75

3. 그시절의 추억

- 겨울밤 타향, 흔들리는 등불 _ 78
- 무지개 _ 79
- 천국으로 가는 길 _ 80
- 진돗개 _ 82
- 어느 밤의 독백 _ 83
- 스쳐간 얼굴들 _ 84
- 빗방울의 위로 _ 85
- 찰나의 미소 _ 86
- 새벽 _ 87
- 나의 캔버스 _ 88
- 9월의 코스모스 _ 89
- 뭉게구름 _ 90
- 그 시절의 기억 _ 91
- 국화 _ 92
- 부추꽃 _ 93
- 나주 배 _ 94
- 익어간다 _ 95
- 곶감 _ 96
- 내장산을 가다 _ 98
- 가을 편지 _ 99
- 가을이 물들다 _ 100
- 고구마 _ 101
- 나이 _ 102
- 일출 _ 103
- 얼어붙은 호수 _ 104
- 눈 덮인 산길 _ 105
- 낡은 초가집 _ 106
- 겨울 갈대밭 _ 107

4. 사랑의 오페라

- 깊은 밤 설경 _ 110
- 떨림의 서곡 _ 111
- 추억 조각 _ 112
- 겨울비 _ 113
- 기적의 왈츠 _ 114
- 사랑 오페라 _ 115
- 그대 어디쯤 오시려나 _ 116
- 인연가因緣歌 _ 117
- 검단산 자락에서 _ 118
- 자선냄비 _ 119
- 주막 _ 120
- 태초의 산맥 신화의 시작 _ 122
- 태백산맥, 침묵의 속삭임 _ 123
- 태백산맥, 어머니의 품 _ 124
- 가슴 저린 찔레꽃 _ 125
- 춘분 꽃샘바람에 피는 희망 _ 126
- 외상 장부 _ 128
- 결실의 노래 _ 129
- 가을 숲, 알밤 소리 _ 130
- 시 쓰는 밤 _ 131
- 노을빛 정원 _ 132
- 추석, 고향의 그리움 _ 133
- 꽃병과 약병 _ 134
- 돌의 심장에 숨겨진 가락 _ 136
- 가을은 나에게는 사색이다 _ 137
- 좋은 아침이었습니다 _ 138
- 이 세상 아내들에게 말한다 _ 142

1장

마음의 눈으로 세상을 바라보며
순수하고 숭고한 아름다움 발견하리
아름다움을 보고 느끼고
말하는 순간
영혼은 정화되고 세상은 빛나리

아름다움을
말하자

아름다움을 말하자

별빛 쏟아지는 밤
달빛 아래 피어나는 꽃
그 신비로운 향기
고요히 흐르는 영롱한 아름다움
두 눈 가득 담아
입을 열어 노래하리라

새들의 지저귐 바람의 속삭임
사랑하는 이들의 미소
그 따스한 온기
마음의 눈으로 세상을 바라보며
가슴 벅차도록 아름다운 순간들
입술 열어 찬미하리라

마음의 눈으로 세상을 바라보며
순수하고 숭고한 아름다움 발견하리
아름다움을 보고 느끼고
말하는 순간
영혼은 정화되고 세상은 빛나리

시간의 예술가

빈손에 파편 쥐고
별빛 밤 아래서
강물처럼 흐르는 손길
영혼의 실로 수놓네
땀에 젖은 어깨 희망 꽃씨
뿌리며

열망은 별빛처럼 빛나리라
쉴 새 없는 발걸음 꺼지지
않는 열정

분주한 손길 시간 거머쥔
자
삶의 서사시 창조하는
예술가시네

산과 물처럼

산은 산의 모습으로
물은 물의 모습으로
억지 없이 그저 함께 흐르는 사이

말이 필요 없는 마음이 통하는 사이
눈빛만으로도 위로 되고
"괜찮아, 내가 여기 있어"를 전하는 사이

조용한 배려로
삶의 고비마다 함께 곁을 지켜주고
도움의 손길을 먼저 내미는
그 따뜻함이 늘 고마움으로 남는 사이

거센 바람 앞에
묵묵히 막아주는 방풍림처럼
자신을 희생하며 그 자리를 지키는
나무처럼
언제나 곁을 지켜주는 사이

맑은 물이 산 그림자를 담고
높은 산이 물길을 더욱 푸르게 하는 것처럼
서로의 깊이를 더해주고
함께일수록 더욱 단단해지는 사이

산은 산대로 물은 물대로
서로를 바꾸려 하지 않고
가까워지려 하지 않아도
그저 그 자리에서
아름다운 풍경을 만들어내는 사이

라면, 60년의 희로애락

잿빛 가난 속 피어난 희망의 면발
1963년 삼양 치킨라면의 첫 울음

남대문 꿀꿀이죽 5원의 눈물
전중윤 사장 끓어오른 긍휼의 불씨

외화도 수교도 없던 암울한 시대
김종필의 결단 JP의 따뜻한 손길

국민 배곯림 막자 애끓는 호소
5만 달러 기적을 엮어낸 씨앗

일본의 냉대 절망의 그림자 드리우고
오쿠이 사장 묘조식품의 한 줄기 빛

한국전쟁 빚 갚을 기회 감동의 무상 기술
2만 5천 달러 두 라인의 희망을 짓다

면과 스프 배합 철통 보안의 장벽
오쿠이의 밀서 가슴 벅찬 나눔의 정신

눈물 젖은 라면 가난을 녹인 애국의 맛
10원의 행복 김치찌개 부럽잖은 풍요

애국자들의 헌신 경제 대국의 초석
배고픔 없는 세상 라면의 뜨거운 60년

삼길포, 그리움의 바다

고즈넉한 산길 햇살 머금은 야생화는
어머니의 따스한 손길처럼 포근하고
그 향기는 잊었던 고향의 추억을 불러일으켜
가슴 깊은 곳에서 울컥 눈물이 솟는다

싱싱한 회를 다듬는 날카로운 움직임은
바닷가에서 펼쳐지는 예리한 춤사위처럼 역동적이고
아낙네들의 정겨운 웃음소리는
고단한 삶의 위로가 된다

갈매기의 날갯짓은 자유로움의 상징
그 흰 날갯짓 따라 꿈을 펼쳐보고 싶은
간절한 마음은 바다처럼 깊고 넓다

여객선의 汽笛기적 소리는 이별의 아픔을 전하고
흩어져 가는 새우깡 부스러기는 시간의 흔적
바다의 餘韻여운처럼 그리움은 깊어진다

남은 삶 -시계

초침은 째깍째깍 달려가고
분침은 묵묵히 자리를 지키네
시침은 느리지만 꾸준히
시간의 흐름을 알리네

내 삶의 시계도
똑같이 움직이네
빠르게 느리게
때론 멈추기도 하네

조급해하지 않으리
내 시계의 속도대로
살아가리

흘러가는 시간 속에
나만의 멜로디를 만들고
소중한 순간들을
가슴에 새기리

세상의 시계와 비교하지 않으리
나만의 시간 속에서
평화를 찾으리

문경 영신 숲길에서

깊어가는 숲길 따라 걸어가니
솔바람 실어 온 산들바람
가슴에 스며드는 싱그러움

햇살 가린 나무 그늘 아래
발걸음 가볍게 옮겨가네
자연의 숨결 느껴지는 곳

푸른 잎사귀 사이로
햇살이 쏟아져 내리고
나뭇잎 사이로 비치는 햇살은
마음 까지 밝게 해주네

시원한 바람과 함께
자연의 아름다움에 흠뻑 취해
마음의 평화를 찾아가네

문경 영신 숲 공원길
오늘도 아름다운 추억을 만들었네
다시 찾고 싶은 곳
영원히 기억에 남을 곳

개천절*(민조시)

사람이
동행하면
거친 풍파도
이길 수가 있다

금메달
소식 듣는
개천 절기에
기쁨 찾아든다

이십삼
시월 삼 일
개천절에
활짝 웃어보세

*우리 민족 최초 국가인 고조선 건국을 기념하기 위해 제정된 국경일. 10월 3일. 서기전 2333년(戊辰年), 즉 단군기원 원년 음력. 10월 3일에 국조 단군이 최초의 민족국가인 단군조선을 건국했음을 기리는 뜻으로 제정되었다.

여름, 나답다

햇살 쏟아져 내리는 여름날
뜨거운 아스팔트 위 발걸음 재촉해도
땀방울 맺혀 이마 적셔도
가슴 속 불꽃은 활활 타오르네

여름처럼 뜨겁게 사랑하고파
마음은 이미 뜨겁게 뛰고 있지만
망설임과 두려움에 발걸음 멈추네

햇살 가득한 오후 바람은
간절한 소망 속삭이며
내 안 열정을 일깨워 주네

폭염 속 아름다운 꽃처럼
가슴 설레는 사랑 싹트고

뜨거운 여름 지나가면
차가운 바람에도 꺼지지 않을
마음 깊은 곳에서

영원히 빛날 사랑 피어나리라
그 향기 세상 가득 채우리라.

만족의 미학

술은 반취半醉 꽃은 반개半開
삶 또한 반복半福의 미학이라

만취滿醉의 흥취는 덧없는 꿈
만개滿開의 화려함도 덧없는 순간
넘치는 기쁨은 고독으로 돌아오고
충만함은 허무의 그림자 드리우네

소욕지족小慾知足의 미덕
작은 것에 만족하며
화무십일홍花無十日紅의 이치를 깨달아
꽃 지는 슬픔 대신 열매 맺음을 기다리네

만사유시萬事有時 때를 알고
꽃 피고 지는 자연의 이치처럼
삶의 고락을 담담히 받아들이고
반만 채워진 행복을 소중히 간직하며
깊은 평화를 찾아가네

비 내리는 골목길

쓸쓸한 비 인적 없는 골목길에 내린다
폐허 위 돌멩이처럼 빗소리만 듣는다
흩어진 시간 주어 모으듯 온 세상을 품고
젖은 햇살에 눈을 가늘게 뜨고 인적을 그리워한다

먼 시간 속 잊었던 것들이 기어 나온다
외면했던 현실 잠시 잊기를 바라며
회색 하늘 아래 빗속에서
희미한 햇살을 기다리며 마음을 다잡는다

조약돌

해 저무는 수평선 주홍빛 조약돌 위에
그대 그림자 드리워 모래섬에 앉았네
진주보다 빛나는 사랑의 숨결 간직해

파도 왈츠에 기타 선율 바위섬 묵묵히 봐
깊은 바다 그대 눈빛 내 마음 출렁이며
영원 약속 속삭이는 바람 불어오는 밤

시간 흘러도 잊지 못할 조약돌 추억 하나
그대와 나 사랑 이야기 영원한 캔버스에
저 수평선 너머 별처럼 영원히 빛나리

저어새. 갯벌의 춤사위

새벽어둠 걷히면 물안개 피어나
갯벌 무희 깨어나 차가운 바람 맞아
날갯짓 시작하네

하늘 높이 날아 긴 부리 물속 탐색
싱싱한 물고기 찾아 우아한 춤을 추네
햇살 가득한 하늘에

점심때 갯벌에 내려앉아 조용히 쉬고
갈매기 울음 파도 소리 자연의 노래에
귀 기울이네

해 질 무렵 석양빛 아래 다시 하늘로
붉게 물든 하늘 아름다운 비상을
하루 마감하네

갯벌 위 새로운 하루 맞이할
저어새의 모습 자연의 아름다움
가슴에 담네

6.25 기억의 노래

잿빛 하늘 아래 잿더미 덮인 땅
핏빛 꽃잎 피어나 절망의 봄

어머니의 비명 바람 따라 흩어지고
고아의 눈물 밤하늘 별빛처럼 떨어지네

흐릿한 사진 속 웃는 얼굴들
그리움의 파편
가슴에 박힌 쇳조각

무너진 학교
폐허 된 교회
핏빛 강물 흐르는 땅 깊어가는 밤

희미한 햇살 비추는 피어나는 꽃잎
하지만 상처는 영원히 숨 쉬는 상흔

잊지 말자
육이오의 아픔
평화를 위해 영원히 기도하리

비 오는 날의 잔향

장마의 끈적한 열기 속에
굵은 빗줄기가 쏟아지네
여름밤의 어둠은 짙고
매미 소리는 잠시 숨을 죽였다

뜨거운 아스팔트 위에
빗물이 웅덩이를 이루고
그 속에 도시의 불빛이 흔들린다

창가에 앉아 바라보는 풍경은
흐릿한 수채화처럼 번지고
습한 공기는 숨 막히도록 무겁다

여름비의 잔향〈殘香〉은
달콤한 과일 향과 섞여
묘한 그리움을 자아낸다

지난여름의 기억들이
빗방울처럼 떠올라
가슴 한켠을 적신다

공주 금강 둔치길

수면 위 잠긴 노을 빛바랜 비단처럼
가을 안개 서린 강변 스산한 그림자 춤
갈대숲 허리 굽혀 스산한 바람에 일렁이고
강물은 말없이 흐느끼듯 저녁을 삼키네

빛 없는 하늘 아래 흑백의 꿈결 속에
영혼의 빈터 헤매는 듯 아득한 정적 감도네
돌아보지 않는 시간 흘러가는 물굽이처럼
덧없는 아름다움 창백한 미소 지으니

지는 햇살 아래 쓸쓸히 홀로 선 그림자
강 심연에 비친 저물녘 슬픔의 얼굴
공주 금강 둔치길 가슴 저미는 선율처럼
사라져가는 추억 영혼에 사무치네

윤동주. 별빛에 새긴 나라

별 헤는 밤 까만 하늘 가득한 별들처럼
나라를 향한 그리움
시인의 심장 깊숙이 박혀
펜 끝에서 맺힌 한 방울 눈물인가.
먹물인가

차가운 감옥 벽 갇힌 몸과 마음에도
자유를 향한 간절한 소망 시 속에 숨 쉬네
짓눌린 나라의 아픔
밤하늘 별빛처럼 빛나리

밤하늘 별빛처럼 영원히 빛날 그의 시
나라를 향한 뜨거운 사랑 우리 가슴에 새기리라
윤동주 시인의 애국심 영원히 기억하리라.

현충일 70주년

깊은 밤하늘엔 별빛 흐르고
산들바람 잠든 숲을 스치네
그리운 얼굴 떠오르는 밤
가슴 저릿한 슬픔에 잠겨

태극기 나부끼는 곳
영원한 안식 잠든 영웅들
목숨 바쳐 지킨 이 땅 위에
자유와 평화 꽃 피었네

잊지 않겠습니다
숭고한 희생 기억하며
오늘 우리 평화 누리는 날
감사와 존경 마음 담아

다시는 아픔 없는 세상
평화로운 미래를 꿈꾸며
영원히 기억하겠습니다
우리의 영웅들을….

한글날(민조시)

독서의
중요성을
세종대왕은
강조하셨지요

역사책
철학책을
사서삼경은
백 번 넘게 읽다.

글 모른
백성들을
가엽게 여겨
훈민정음을
반포하시었다

우리의
책 사랑은
독서 인생을
풍성히 만든다.

이장移葬

영감 덩굴 사이에

억세 풀 무성하고

파 헤쳐진 흙무덤에는

시신까지 풀뿌리 파고들고

젖은 육신 부친의 체험

홀연 눈에 검부스레기 들어가

하마터면 눈물 흘렸다

이장을 마칠 때까지 쉰 심곡은 멈추지 않았다

새롭게 하소서

쫓기는 듯이 사는
한심한 나를 살피소서

늘 바쁜 걸음 천천히 걷게 하시며
추녀 끝의 풍경 소리를
알아듣고 개미의 부지런함도
지켜보게 하소서

꾹 다문 입술 위에
어린 날에 불렀던 동요를 얹어 주시어 영가를 부르게 하시고

굳어 있는 얼굴에는
봄바람에 어우러지는 풀밭 같은 부드러움을 허락하소서

말씀이 좋아 당신을 우러르게 하시고 나누는 차 한 잔에도
오랜 감사함을 느끼게 허락하소서

돌 틈에서 피어난
할미꽃 한 송이에도 마음이 가게 하시고 이끼 한 낱에서도
배움을 얻게 하소서

장미꽃의 화려함보다
작고 소박한 보라색 제비꽃을 닮아
회개의 삶으로 작아짐을 노래하게 하소서

나를 관찰하고 고운 마음으로
사랑의 넝마가 되게 하시고
이웃을 사랑하게 하소서

자녀 위해 기도하시는
어머니의 기도 소리를 알아듣게 하시고
언제나
새롭게 하소서.

해송海松

나는
파도가 일렁이는 바닷가
언덕 바위틈에 자라 잡았다

망망대해에서
죄없이 죽은 서러운 혼
마중하려고
몸을 열어 두었다

보고 싶은 사랑
목말라 하는 그대를 위해
태풍 머금었다

절망하고 절규하는
사람을 위해
파란 잎사귀에 희망 방울 달았다

그러나
먼 길 떠나는 외기러기

쉬어가는 모습
아무도 보지 못했다.

#세월호 희생자들을 생각하면서.

비 갠 하늘 아래, 마음 한 조각

억수같이 쏟아지던 빗줄기
잊을 수 없는 그날의 기억

낡은 기왓장 밑 빗물 받이 어긋난 시간의 더께

오늘은 촉촉한 가랑비가 세상을 어루만지네

또르르 굴러 떨어지는 물방울
그 마지막 여정은 어디일까

사납게 몰아치던 장대비도 가냘픈 이슬비도

북녘 하늘 아래 젖은 빗물도 낮은 곳으로 스며드네

내 마음도 겸허히 낮은 곳으로 흘러
갈라진 가슴 적시는 감로수 한 모금이 되기를

먼지 덮인 세상
꽃 피울 첫 물결이 되기를...

광복 팔십 주년

해방의 기쁨 팔십 해 맞아
대한의 혼 다시 깨어나라
겨레의 얼 가슴에 품고서
새로운 역사 함께 써가리

억압의 그림자 모두 떨치고
자유의 빛 온 누리에 퍼져
무궁화 끈기 굳건히 이어
평화의 노래 드높이 울려라

금수강산 푸르름 더하고
세계 속에 빛나는 우리 땅
대한민국 영원하리
희망의 미래 함께 만들어가세

대합실의 밤

쨍한 햇살은 어둠 속으로 스며들고
별들은 수줍게 숨바꼭질 시작하네
빛바랜 형광등 아래
저마다 시간에 갇힌 사람들

희미하게 겹쳐지는
종착과 출발의 경계 점
검버섯 핀 노인의 느린 걸음
앙상한 할머니 손에서 껌 한 통이 애원하고 있네

닳아 해진 껌 가방은 어둠 속에 숨어 버리고
싸늘한 의자는 무겁게 흐르는 시간 속에서
오백 원에서 일천 원으로 오른 껌 한 통값
모른 척 얹어주고픈 묘한 호기심
나의 인생은 얼마짜리일까

밝은 조명과 짙은 어둠 속
희로애락 뒤섞인 밤의 풍경
낡은 플랫폼 정적에 잠긴 기차역

무회인락無悔人樂

번개처럼 스치는 덧없는 인생길이여
환영처럼 아스라이 사라지는 꿈결인가
덧없는 그림자 잡을 수 없는 바람처럼
기회는 스쳐 가니 후회는 이미 늦으리

지식 재물 명예 한때 영화일 뿐인가
병들어 쓰러지면 모두 헛된 것인가
무거운 짐일랑 모두 내려놓고서
미련 없이 훌훌 털어 버리세나

떳떳한 행동으로 당당한 모습 보이며
넘치는 자신감과 의젓한 기개 갖추어
인간답게 살아가세 후회는 남기지 말고
오늘을 즐겁게 마음껏 누려보세나

심여수心如水

고요한 새벽 물안개 피듯
잔잔한 마음 심여수로다
흔들림 없이 맑고 깊으니
세상 모든 것 비추는 호수

바람결 일어 잔물결 쳐도
중심은 늘 그 자리에 있네
어려움 속에도 흔들림 없이
평온함을 잊지 않으리라

돌멩이 던져 파문이 일어도
고요함 되찾듯 슬픔 지나리
시간 흘러가 제자리 찾듯
마음 또한 평화를 찾으리

심여수는 늘 흐르는 물결
멈춤 없이 희망 안고 나아가
더 넓은 세상 향해 나아가리

소래포구 삶의 옹기

왁자한 어시장의 새벽 생명의 숨결 넘실대고
어부의 거친 손길 따라 싱싱한 은빛 물결 춤춘다

그물마다 가득한 희망 좌판 가득 펼쳐진 풍요
흥정하는 목소리 드높고 오가는 정 속에 웃음꽃 핀다

바다 향기 가득한 골목 짭짤한 바람이 속삭이고
어머니의 손맛 담긴 음식 그리운 고향의 맛을 전한다

저 멀리 수평선 너머 희망을 싣고 돌아오는 배
오늘도 소래포구는 삶의 활기로 가득 찬다
소래포구 영원히 기억될 아름다운 삶의 옹기

2장

사랑으로 마음 잇고
웃음으로 추억 쌓으며
아픔까지 함께 나누는
더없이 소중한 존재

더욱 사랑하리
더 크게 웃고
더 뜨겁게 아끼리

소중한
시간들

조계산, 천년의 고요를 담아

짙푸른 숲 그림자 조계산을 감싸 안고
새벽녘 고요, 청아한 새들의 노래 깨우네

돌계단 오르며 만나는 옥빛 샘물
세속의 찌든 때, 말끔히 씻어 마음 정화하네

송광사 천년의 고요 속에 잠겨들어
역사의 숨결 묵묵히 속삭이네

대웅전 앞 간절한 염원 담아 두 손 모으면
마음의 평화 온 세상 가득 퍼져나가네

저녁 노을 산봉우리 붉게 물들이고
조계산의 밤 깊은 침묵 속에 잠기네

순천만 연가戀歌

황금빛 갈대 바람에 일렁이는 순천만
붉은 노을 하늘 가득 수놓아 가슴 저미네

숨 쉬는 갯벌 생명의 노래 드높고
새들의 지저귐 바람결에 실려 마음 흔드네

굽이도는 물길 따라 흐르는 세월
아련한 추억 갈대꽃 되어 피어나 마음 적시네

하늘과 바다 푸르름 맞닿은 저 수평선
고요한 순천만 영혼마저 평화로 물들이네

순천만 영원한 자연의 노래
가슴 깊은 곳에 아름다운 추억으로 새기리

선인장, 가시의 눈물

가시 돋은 외로움 맘 굳게 닫고
시간 속에 멈춰 선 초록빛 침묵
상처 감춘 슬픈 자화상 눈물 고인 가시

메마른 대지 갈라진 상처
뜨거운 햇살 짓무른 아픔
홀로 감내하는 고통의 시간들

"나는 네 친구야"
속삭이는 바람
진심 담은 말 한마디 건네네
가시 아래 숨겨진 여린 속살
차가운 눈물 닦아주며 감싸 안으리

인내의 씨앗 조용히 싹트고
가시 떨군 자리 피어나는 꽃
사랑과 믿음으로 다가가리

시간 흘러도 변치 않는 마음
초록빛 침묵 속에 맺은 약속
가시 속삭임
아픔 딛고 피어난 우리의 노래

황금빛 가을, 추억을 더하다

구월 문턱 넘어선 자리
눈부신 황금 물결 비단처럼 펼쳐져
드넓은 들녘 벼는 황금빛 이삭 무겁게 드리우고
탐스런 능금은 붉은 볼 발갛게 물들어 보석처럼 빛나네

가을바람 실어오는 향긋한 사과 내음
곡식 익는 풍요로운 향기 코끝 간지럽히니
지친 마음 저절로 위로받는 듯
청명한 하늘 아래 잊었던 미소 가득 번지네

가벼운 발걸음 재촉하여 길을 나서니
어디선가 들려오는 듯 가을의 노래
황금빛 풍경 속에 나 홀로 서서
향기로운 추억 가슴 가득 담아가리

오이도의 젖은 낭만

붉은 등대 아래
젖은 우산 그림자여
파도마저 젖어드니
흐릿한 수평선 너머
그리움만 번져가네

조개 굽는 연기
빗소리에 익어 가고
바다 내음 쌉쌀하니
젖은 모래 발자국은
마음속에 빗소리라

돌아보니

뜻대로 안 되는
세상살이 묘한 맛인가
성공이란 이름
매이지 않으려 했건만
돌아보니 아쉬움 가득

앞만 보고 달려
한낱 인간이었을 뿐
내 것이라 믿었던
고집마저 헛된 꿈인가
이제야 깨닫는 이 마음

가진 자 부러워
빈손 탓하며 살았지만
무소유라 해도
풍족한 삶이 좋지 않나
텅 빈 하늘, 긴 한숨짓네

쌀의 날, 아버지의 밥상

강바람 스산한 초가 지붕 아래
보릿고개 그림자 짙게 드리운 마을
흙먼지 날리는 황량한 들녘
메마른 논밭에 땀방울 스며든다

아버지의 밥상 검은 보리밥 위
하얀 쌀알 몇 톨 별처럼 빛나네
거친 숨소리 삼키며
희망을 심던 아버지의 땀방울

어머니의 깊은 주름 한숨 속에
감춰진 눈물 마른 기침 소리
굶주린 아이들 퀭한 눈빛으로
저녁 연기만 바라보네

생일날 놋그릇 가득 담긴 쌀밥
아랫목 이불 속 온기처럼 따스하다
허기진 배 채우며 꿈을 꾸었네
척박한 땅에도 희망은 자란다고

가난과 절망 속 피어난 쌀 한 톨
그 시절의 애틋한 기억
풍요로운 쌀의 날에 되살아나네.

* 쌀 생산에 여든여덟 번의 농업인의 손길이 필요하다는
  의미를 담아 8월 18일을 '쌀의 날'로 지정한 지 11주년이 됐다.

소중한 시간들

어느 날
문득 고개 돌려보니
길가의 들꽃 한 송이
작은 돌멩이 하나까지
가슴에 스미는 삶의 의미

그중 가장 소중한 건
같은 하늘 아래
숨 쉬는 나의 가족

눈물 글썽일 때
말없이 다가와 손 잡아주고
기쁨에 벅찰 때
함께 웃음꽃 피워주는
삶의 전부 나의 가족

함께할 가족 없다면
이 세상
무슨 빛깔로 채울까

사랑으로 마음 잇고
웃음으로 추억 쌓으며
아픔까지 함께 나누는
더없이 소중한 존재

더욱 사랑하리
더 크게 웃고
더 뜨겁게 아끼리

이 귀한 시간들
한순간도 놓치지 않도록
늘 가족과 함께
사랑으로 물들여가리.

별 헤는 밤

칠흑 같은 어둠이 삼킨 도화지 위
은빛 조각들 촘촘히 박혀 빛나네
고요한 밤 숨소리마저 잠든 시간
그 사이로 아련히 떠오르는 잊지 못할 얼굴

차가운 밤공기 옷깃을 여미게 하지만
따스한 위로의 속삭임 귓가에 맴돌아
굳게 닫힌 마음의 문
부드럽게 어루만지는 섬세한 손길 하나

기댈 곳 없는 밤 외로움에 지친 어깨
그대는 내 어둠을 환히 밝혀주는 등불
길 잃은 밤
나를 인도하는 소중한 빛이 된다

그 시절의 기억

아련히 떠오르는
육십 년대
텅 빈 도시락 들고 학교 가던 길
원조로 받은 강냉이 죽 한 그릇
그것이 전부였던 시절

강냉이 가루마저 바닥이 나면
사료용 우유 끓여 나누어 주었네
뱃속에서 꼬르륵 요동치는 우유
어김없이 설사로 변비를 달래주던 그 시절

십 환으로 끼니를 때우던
유일한 양식 칡 한 뿌리
씹을수록 단물이 흘러나와
갈증을 해소해주던 밥 칡

이제는 어디에서도 찾을 수 없는
그 시절
그 맛
그 향기
오늘도 재래시장 길을 헤매며
아련한 추억을 더듬어 본다

회춘

삼복 더위
살갗 태우는 볕 아래서도
장대비
세상 씻어 내는 날에도
늘 시린 가슴
묵은 겨울 언덕

그대 맑은 웃음
잊었던 어린 날의 꿈결인가
가슴 깊이
푸른 새싹 돋아나네

창 너머 아스라한 햇살 한 줌
따스한 바람결에 실려 와
내
앙상한 가슴에 스며들어
숨겨둔 꽃망울 피워 올리네

고단한 삶의 흔적
주름진 얼굴 위로
환한 미소 번지니
어느새
마음은 다시 청춘

비 갠 하늘 아래, 마음 한 조각

억수같이 쏟아지던 빗줄기 잊을 수 없는 그날의 기억

낡은 기왓장 밑 빗물 받이 어긋난 시간의 더께

오늘은 촉촉한 가랑비가 세상을 어루만지네

또르르 굴러 떨어지는 물방울
그 마지막 여정은 어디일까

사납게 몰아치던 장대비도 가냘픈 이슬비도

북녘 하늘 아래 젖은 빗물도 낮은 곳으로 스며드네

내 마음도 겸허히 낮은 곳으로 흘러
갈라진 가슴 적시는 감로수 한 모금이 되기를

먼지 덮인 세상
꽃 피울 첫 물결이 되기를...

함평천지, 하늘과 땅의 어울림

함평천지 휴게소 하늘은 맑고 푸르다
뭉게구름은 솜사탕처럼 곱게 피어나고
땅 위에는 백일홍이 붉게 물들어 있다

함평의 나비는 너울거리며 춤을 추고
내게 살포시 다가와 인사를 건넨다

하늘과 땅이 하나 되는 풍경
그 속에서 나는 작은 존재이지만
가슴은 평화로움으로 가득 찬다

붉은 백일홍은 뜨거운 여름을 말하고
하얀 뭉게구름은 꿈을 싣고 떠다닌다
나비의 춤은 자유로움을 노래하고
함평천지의 바람은 평온함을 속삭인다

입추, 희망을 심다

흙먼지 덮인 들녘
갈라진 논 쩍쩍 갈라진 가슴
무너진 강둑
떠내려간 땀방울들

뜨거운 햇살 아래
묵묵히 밭을 일구는 손
산업의 심장
고된 하루 꺾이지 않는 의지

쓰러진 자리
주저앉고 싶은 절망
그래도 다시 일어서는 농부처럼
내일의 희망을 품는다

깊은 슬픔
아물지 않는 상처
괜찮다, 괜찮다, 다독이는 마음
작은 씨앗 하나
미래를 심는다

탐욕의 그림자

아름다움을 좇는 눈
그 안에 숨겨진 검은 욕망.
자연의 절경을 독차지하려
울타리를 치고 길을 막네.

사람의 아름다움에 눈멀어
소유하려 발버둥 치는 손길
사랑이란 이름으로 포장된
탐욕의 덫을 놓네

꽃은 시들고 마음은 병들어
진정한 아름다움은 사라져 가는데
탐욕에 눈먼 인간은
그저 헛된 그림자만 좇을 뿐

아 어리석음이여
탐욕의 굴레에서 벗어나
진정한 아름다움을 볼 수 있을까

햇살의 고독

흙내음 가득한 논 갈라진 땅 위에
자갈 흩뿌려진 풍경
강둑 무너진 자리
고요히 흐르는 눈물

폭염 속
산업의 전사들 지쳐 쓰러져도
내일을 향한 발걸음
멈추지 않네

마음은 찢어지고
가슴은 무너져 내려도
내년을 기약하는 농부의 희망처럼
볕이 들 날 오리라

소박한 미소 긍정의 언어
행복은 입가에 피어나는 꽃
함께 심어가는 희망의 씨앗

그 날이 오면
함께 웃으며 손을 맞잡고
새로운 희망의 노래를 부르리라

나주곰탕의 깊이

금성관 그 어귀에 서린
백 년의 세월 곰탕 한 그릇
나주곰탕 전설이 되어 흐르네

맑고 흰 국물 그 속에 잠긴
깊은 고기 향기 은은히 퍼지고
넉넉한 인심 한 그릇 가득 담아

삶의 시름 잠시 잊게 하는
어머니 손길 따스한 그 맛
오늘도 빛이 나네
행복의 맛

칠월의 빗방울

그대 곁에 좋은 사람이 있다는 소식
장마처럼 길었던 기다림 끝에 떨어진
뜨겁고도 시린 햇살 같은 소식입니다

그 소식을 듣는 날을
끊임없이 내리는 빗줄기처럼
애타게 기다려왔습니다

밤마다 그대 생각에 잠 못 이루던 시간들
미련한 질투에 괴로워하던 날들이
장마가 끝나고 드러나는 맑은 하늘처럼,
이제야 조용히 가라앉습니다

잘 지내시길 바라는 마음은
장마 후의 맑은 공기처럼
상쾌하고 시원합니다

그대와 그대의 소중한 사람이
장마 후 무지개처럼 아름다운 행복 속에
영원히 함께하길 진심으로 바랍니다.

남은 날들도 장마가 지나간 촉촉한 대지처럼
평화롭고 풍요롭기를...

갈릴리 바다의 기적

밤하늘 별빛 아래 망망대해
빈 그물만 끌어올리던 어부들의 낙담
차가운 바닷바람만이 그들의 얼굴을 스치네

절망의 그림자 짙게 드리우는 순간
주님의 음성 그물을 다시 내리라
마지막 희망을 걸고 그물을 던지네

그물이 무게를 더해가고
힘겹게 끌어올린 그물 속에는
153마리 물고기 눈부신 기적이 가득

믿을 수 없는 광경에 어부들의 환호성
가슴 벅찬 기쁨 터져 나오는 웃음소리
얼굴에는 행복한 눈물이 가득하네

밤하늘을 수놓은 별들도 함께 기뻐하며
바다는 흥겨운 파도로 화답하고
어부들의 노래는 갈릴리 바다에 울려 퍼지네

153, 단순한 숫자가 아닌
주님의 풍성한 사랑과 은혜의 증거
어부들의 기쁨은 하늘까지 닿으리

*요한복음 21장11절,

오륙도

멀리서 바라본 오륙도
푸른 바다 위에 흩뿌려진 보석들
저녁 노을이 물들며 신비로운 자태를
드러낸다

파도 소리 갈매기 울음소리
섬들의 숨결이 속삭이는 듯
세월의 흔적 새긴 바위 위
야생화의 강인함이 피어나고

고독과 평화가 공존하는 곳
오륙도 나의 마음을 사로잡네
어둠이 내려앉아도 별빛 아래 빛나는 섬
삶의 고단함을 잊게 하는 안식처

그리움과 설렘이 교차하는 곳
다시 찾고 싶은 오륙도
영원히 마음속 깊이 간직하리라

삶의 향기

풋풋한 봄 햇살에
새싹 돋아 피어나듯
삶의 향기 짙어지네

여름 햇살 따사로이
무르익는 열매처럼
가슴에 풍요 채워지네

가을바람 스치듯이
고운 빛깔 물들 듯이
향기로운 추억 남네

겨울 눈꽃 흩날려
차가운 바람 속에도
마음은 따스하네

시간의 강가에서

세월의 다리 아득히 멀어
강물 따라 늙음의 뜰에 머무네

묵묵히 새긴 발자국마다
삶의 노래 깊이 새겨지네

인연의 꽃 시들지 않고 피어나
기분 좋은 아침 향기 더하네

덧없이 흐르는 인생 그 끝은
알 수 없는 물음표로 남아

안부 묻는 따스한 손길에
소소한 행복 마음 가득히

아픔 없이 건강하기를
기쁨만이 가득하기를
두 손 모아 간절히 기도하네

벗이여 황혼녘 삶의 아름다움을

지는 꽃잎 붉은 열매 맺는 풍요로운 가을날에
벗이여 저무는 생의 끝자락 희망으로 바라보네
남은 시간 빛나는 추억으로 가득 채우고
사브작사브작 이 가을 축복의 길을 함께 걷자

황홀한 단풍의 향연에 마음을 빼앗겨
정다운 정자에 기대앉아 밝은 미소 짓네
흐르는 시냇물 소리에
묵은 아픔 씻어내며
새로운 시작을 꿈꾸자 벗이여

찬란한 문패 넘어 더욱 빛날 내일을 향해
쉼 없이 흐르는 세월 긍정으로 맞이하는 나이
이 가을 희망의 詩 한 편에 담아
그 설렘을 노래하리

이 가을 희망의 길을 걷자

詩 쓰는 밤

어둠 내린 하늘 별빛 자수 놓고
고요한 밤 시인의 마음은 깊어 가네

달빛 그림자 꿈결처럼 아득하고
바람은 속삭이듯 귓가를 스치네

밤하늘 가득한 별들의 속삭임
마음 깊은 곳 잠든 감성을 깨워
잊혀진 추억을 되살리네

시 쓰는 밤 영혼의 노래 흐르고
가슴 벅찬 감동 펜 끝에 스며들어
한 줄 한 줄 아름다운 시가 되네

시 쓰는 밤 별빛 아래 피어나는 꿈
영원히 간직하고픈 소중한 순간
내 마음속 깊이 영원히 흐르리

돌의 심장에 숨겨진 가락

고요한 망치 소리 침묵을 깨고
정의 날카로운 춤 꿈을 빚어내네

거친 손길 인내의 숨결로
돌의 옷을 벗기고 영혼을 깨우리

차가운 표면 아래 감춰진 불꽃
섬세한 손길 따라 형상으로 피어나
세상의 모든 슬픔 기쁨을 담아내리

시간의 강물 흔적을 새기고
바람의 속삭임 이야기를 더하여
영원히 빛나는 예술의 숨결

나의 조각품 삶의 흔적
그 안에 담긴 나의 모든 것

콘크리트 숲의 자화상

바람에 흩날리는
먼지 묻은 낙엽
빌딩 숲 그림자 아래
감춰둔 도시의 고독

차가운 유리벽 너머
희미하게 빛나는 별
잊혀진 꿈 조각처럼
흩어지는 젊음의 초상

저녁노을 드리운 거리
낯설게 스치는 얼굴들
가을은 나에게
영원히 풀리지 않는 수수께끼

활자 속의 겨울

창밖엔 흰 눈 소복
고요한 방 안 책장을 넘기네
묵직한 고전의 향기
마음속 깊이 스며드는 지혜

따뜻한 벽난로 불빛 아래
얼어붙은 감성을 녹이네
삶의 의미를 찾아 헤매는
겨울밤 활자 속에서 길을 잃다

어둠이 짙어질수록
마음은 더욱 깊어지고
겨울은 나에게
영원히 잊지 못할 사색의 시간

3장

이제는 어디에서도 찾을 수 없는
그 시절, 그 맛, 그 향기
오늘도 재래시장 길을 헤매며
아련한 추억을 더듬어 본다

그시절의
추억

겨울밤 타향, 흔들리는 등불

차가운 밤 홀로 우는
귀뚜라미 소리
텅 빈 타향수필
서울 가는 길 스미는 싸늘함

앙상한 가지 흔들리는 겨울
눈 덮인 사랑
코스모스
애처로운 몸짓으로 시들어가지만

기울어가는 가지의 겨울
코스모스의 덧없는 아름다움
홀로 우는 귀뚜라미 자꾸 떠올라
고속도로 위 흔들리는 등불

기약 없는 시공 속에
귀뚜라미처럼
오늘을 살아가는
나의 흔들리는 등불

무지개

소낙비 지나간
관악산 자락 아래
구름 목마 탄 무지개
곱게 피어나

병풍바위 골짝엔
다래 순 너풀대고
고사리 돋아나는
정겨운 봄날에

산새와 오찬하며
마음 헹굼질하니
어린 꿈 그대로인
무지갯빛이네

천국으로 가는 길

벼랑 끝 아날로그
파도 속 디지털
도돔바 춤 반도체
흔들리는 세상

저울질 이해관계
인정 없는 아저씨
배춧잎 아줌마
돈이면 다 되는 현실

서정 잃은 시대
사랑마저 사라져
온라인 감사
씁쓸한 자화상

돈 무엇이기에 이토록 힘든가
가난 속 겸손
마음만은 부자로

빈손으로 왔다가
빈손으로 가는 길
갑부도 빈손

돈에 울지 마
돈에 죽지 마
천국으로 가는 길
손 놓지 않기를

진돗개

하남 전원 석양 아래 그리움
하늘나라로 간 누런 진돗개
병말이

넓은 마당 뛰놀던 날
꼬리 흔들던 모습
아른거리네

병말아
그곳에선 아픔 없이
따스한 햇살 받으며 영원히 행복하렴

함께했던 시간
가슴 깊이 간직할게
무지개다리 건너 다시 만날
그날까지

어느 밤의 독백

깊은 밤 창밖은 온통 칠흑 같은 어둠인데
내 안에는 희미한 불빛 하나 깜빡인다
오늘 하루 나는 잘 살아낸 걸까
수많은 가면을 쓰고 사람들을 만났지만
진실된 내 모습은 어디에 숨어있는 걸까
나는 또 어떤 얼굴로 세상을 향해 나아가야 할까
고요한 밤 잊고 지냈던 질문들이 꼬리를 물고 이어진다
저 멀리 반짝이는 별들도 차마 답을 알 수 없는 밤

스쳐간 얼굴들

가을바람이 앙상한 잎새를 흔들 때마다
낡은 사진첩 속 빛바랜 추억들이 되살아난다
환하게 웃음 지었던 날들 함께 땀 흘리며 꿈을 꿨던
시간들
때로는 서로의 어깨에 기대어
밤새도록 울었던 날들도 있었지
이제는 희미해진 얼굴 흩어져버린 꿈들
쓸쓸한 낙엽처럼 쌓여가는 기억의 무게를 견디며
따뜻한 커피 한 잔으로 얼어붙은 마음을 녹여본다

빗방울의 위로

창문을 두드리는 빗소리가 밤의 장막을 찢는다
괜스레 마음 한구석이 촉촉하게 젖어드는 오후
차마 입 밖으로 꺼내지 못했던 묵은 이야기들이
빗물처럼 하염없이 흘러내리는 듯하다
따스한 이불 속에서 듣는 빗소리는
세상 모든 시름을 잠재우는 마법의 주문처럼
지친 영혼을 어루만져준다

찰나의 미소

봄 햇살 아래 눈부시게 피어났던 꽃잎은
짧은 생을 온 마음 다해 찬란하게 불태웠다
이제 바람에 흩날려 사라지는 마지막 순간에도
그 아름다운 향기는 오래도록 세상에 머물며
잊혀지지 않는 흔적을 남긴다
덧없이 스러지는 꽃잎처럼, 나도 언젠가 사라지겠지만
내 삶의 향기가 누군가의 기억 속에
영원히 살아 숨 쉬기를

새벽

아직 잠에서 깨어나지 못한
도시의 짙은 어둠을 뚫고
희미한 여명이 조심스럽게 고개를 내민다
어제와 다를 바 없는 평범한 아침이지만
새로운 숨을 깊게 들이쉬는 순간만큼은
가슴속 깊은 곳에서 작은 희망이 솟아오른다
어제의 실패와 좌절을 뒤로하고
다시 힘차게 걸어갈 용기를 얻는 시간
오늘 하루도 묵묵히 자신의 길을 걸어갈
모든 이들을 위한 축복의 노래가 새벽 하늘에
울려 퍼진다

나의 캔버스

나의 하루는 흰색 캔버스
아침 햇살은 첫 번째 물감

설렘과 기대 붓을 들고
오늘의 그림을 그려나가네

때로는 빗방울처럼 슬픈 색
때로는 노을처럼 따뜻한 색

덧칠하고 지우고 망설임 끝에
나만의 풍경을 완성하네

저녁 노을 마지막 물감으로
내일의 꿈을 그려 넣으리

9월의 코스모스

9월 들녘 코스모스 물결 춤추듯 일렁이고
쪽빛 하늘 아래 꽃 그림 향긋하게 번지네

가녀린 목
하늘 향해 맑은 눈빛 반짝
바람결에 수줍은 듯
꽃잎은 살랑이네

분홍빛 설렘
흰빛 순수
붉은빛 열정
가을 꿈 수놓듯
고운 빛깔 피어나네

벌 나비 춤사위에 코스모스도 흔들흔들
저녁 노을 녘 황금빛 미소 가득하네

지친 맘 어루만져 주는 코스모스
여인의 치맛자락 살짝 흔드는 바람 되어
살며시 그대 향기 전하고 싶어라

뭉게구름

하늘을 가득 채운 뭉게구름
그 사이로 그대 얼굴 아른거린다
닿을 듯 말 듯 희미한 미소
내 마음 깊은 곳 파고드는 그리움

바람결에 실려오는 그대 향기
잊었던 추억들이 되살아난다
함께 웃고 함께 울었던 시간들
구름 속에 고스란히 담겨 흐른다

손을 뻗어 잡으려 하면
구름은 흩어져 사라지고
남는 것은 텅 빈 하늘과
짙어지는 그대 향한 그리움뿐

오늘도 나는 하늘을 본다
뭉게구름 속에 숨은 그대 얼굴을
언젠가 다시 만날 그날을 기다리며
마음속 깊이 그대를 그려본다

그 시절의 기억

아련히 떠오르는
육십 년대
텅 빈 도시락 들고 학교 가던 길
원조로 받은 강냉이 죽 한 그릇
그것이 전부였던 시절

강냉이 가루마저 바닥이 나면
사료용 우유 끓여 나누어 주었네
뱃속에서 꼬르륵 요동치는 우유
어김없이 설사로 변비를 달래주던 그 시절

십 환으로 끼니를 때우던
유일한 양식 칡 한 뿌리
씹을수록 단물이 흘러나와
갈증을 해소해주던 밥 칡

이제는 어디에서도 찾을 수 없는
그 시절
그 맛
그 향기
오늘도 재래시장 길을 헤매며
아련한 추억을 더듬어 본다

국화

서릿발 하얗게 돋은 새벽
차가운 기운 삼킨 채
뜰 한켠 고고히 피어났네

겹겹이 쌓인 꽃잎의 능선
섬세한 손길로 빚어낸 듯
황홀한 빛깔 뿜어내누나

바람결에 실려오는 향기
진한 그리움
가슴 속 깊이 스며드네

세상의 시름 잊게 하는
고요한 아름다움
그윽한 눈빛으로 속삭이네

아 __국화여
굳건한 기상 닮아
가을 하늘 아래 영원하리

부추꽃

푸른 잎새 사이 숨어 피어난
하얀 별무리

가을 문턱에서
소박한 아름다움으로 빛나네

작고 여린 꽃잎 하나하나
밤하늘의 은하수처럼 반짝이고

바람결에 흔들리는 작은 몸짓
고요한 속삭임으로 다가온다

화려함 없이도 존재 자체로
세상에 깊은 울림을 주는 너

부추꽃
무심코 지나칠 수 없는
정겹고 따뜻한 위로

나주 배

달빛 머금은 듯 뽀얀 속살
문득 떠오르는 얼굴

가을바람 실어 온 풍요로운 향
입안 가득 퍼지는 달콤함

베어 무는 순간
어린 시절 추억 한 조각
고향의 따스함이 스며든다

풍요로운 들녘 황금빛 물결
넉넉한 인심 정겨운 사투리
그리운 풍경 속에 아련히 빛나는

나주 배 문득 생각나는 밤
고향의 품
가슴 저미는 그리움으로 피어난다

익어간다

햇살 머금은 가지 끝에
탐스런 붉음 가을 사과

초록 잎새 사이 숨바꼭질하듯
수줍게 얼굴 내민 모습 어여쁘다

땀방울로 키워낸 결실 농부의 미소
넉넉한 가을 들녘에 풍요를 더하고

아삭한 한 입 베어 물면
달콤한 향기 입안 가득 퍼져
어린 시절 추억 아련히 떠오르네

사과가 익어간다
시간의 선물 자연의 조화
풍성한 가을 노래하다

곶감

가을 햇살 넉넉히 품은
탐스러운 감들이
붉은 옷 벗고 매달린다
바람과 시간이 빚어낼
달콤한 마법

처마 밑 주렁주렁 걸린
주홍빛 보석들
차가운 겨울 바람이
살며시 스치고 지나가면
수줍게 하얀 분가루를 덮는다
서서히 농익어 가는
시간의 흔적처럼

손끝에 닿는 쫀득한 질감
꾸덕한 달콤함이
입안 가득 번져나갈 때
세상 모든 시름 잊고
따스한 위로를 얻는다

어린 시절 어머니의
정성 가득한 손길
하나하나 깎아 말리던
사랑과 기다림의 시간
그리운 추억이 아련히 떠오른다

곶감
겨울밤을 밝히는
작은 등불처럼
차가운 공기 속
따뜻한 온기를 전하는
시간이 빚은 달콤한 선물
새로운 계절을 기다리는
순수한 설렘이다

내장산을 가다

붉게 타오르는 능선 따라
가슴 저미는 가을빛에 물들다
내장산
그 이름만으로 설레는 곳

바람에 흔들리는 단풍잎은
애틋한 사랑의 속삭임처럼
귓가에 맴돌고 발걸음은 가볍기만 하다

겹겹이 쌓인 시간의 흔적 따라
굽이굽이 이어진 길을 걷다 보면
어느새 세상 시름 잊고 평온을 찾는다

가을 햇살 아래 물위에 비친 꾀꼬리 단풍
맑고 깊은 영혼의 거울처럼
나를 비추고 마음을 정화시킨다

가을빛으로 물든 그곳에서
삶의 아름다움을 발견하고
힘차게 나아갈 용기를 얻는다

가을 편지

바람결에 실려 온 그대 소식
낙엽처럼 흩날리는 그리움 담아
붉게 물든 단풍잎에 적어 보낸다

푸른 하늘 아래 익어가는 감처럼
내 마음도 붉게 물들어
그대 향한 사랑으로 가득 차오르네

차가운 바람이 옷깃을 여미게 해도
따스한 햇살처럼 포근한 그대 생각에
어느새 미소짓는 나를 발견한다

가을 편지 한 장에 담긴 내 마음
부디 그대에게도 전해지기를
간절히 바라는 가을날의 기도

가을이 물들다

바람결에 스미는
황금빛 햇살
나뭇잎 끝자락에
살포시 내려앉아

초록빛 싱그러움
조심스레 감추고
붉게 노랗게
가슴 저미는 색으로 갈아입다

들녘은 풍요로운
황금 물결 일렁이고
하늘은 드높고 푸르러
마음마저 넉넉해지네

가을이 물들다
세상 모든 것이
아름다운 빛깔로 변해가듯
내 마음에도
사랑의 색깔이 번져가네

고구마

흙 깊이 숨겨진 보물
투박한 겉모습에 감춰진
가을 밭의 따뜻한 마음

아궁이 속 숯불에 묻혀
모락모락 피어나는 김
구수한 향기 집안 가득 채우네

껍질 벗겨낸 노란 속살은
달콤한 위로가 되어
입안 가득 포근히 녹아들고

한 조각 베어 물면
어린 시절 소박한 행복
정겨운 추억이 샘솟는다

고구마
차가운 계절을 데워주는
따뜻한 사랑의 맛
삶의 깊은 위안

나이

세월의 강물 저만치 흘러
말하고 싶지 않은 나이
체념도 포기도 닿지 않는
아득한 경계에 서 있네

존재의 빛이 희미해진
무심한 시간의 틈새
여기까지 흘러온
낯선 그림자
마음 깊이 고인 낡은 지성은
새로운 숨결조차 버거워라

허망히 저문 날들 아쉬움만 가득하고
놓아버리자니 남은 날들이
이리도 서러이 싫다 하네

나를 사랑해야지
삶의 깊은 울림은
더욱 진하게 가슴에 스며든다
꿈과 추억을 함께 엮어가는 나
사랑받기보다 사랑할 수 있기를
고요히 내 안의 신성神聖에 기대본다

일출

그대 향한 그리움
새벽을 깨우고
불어오는 바람결에 실어 보낸다
내 마음 가득한 향기
아득한 허공에 띄워 보내니

저 멀리 찬란히 솟아오를
그대의 모습을 온전히 담으려면
이내 마음 비워내야 하리
텅 빈 가슴에 오롯이 스며들
눈부신 아침 햇살처럼

얼어붙은 호수

칼바람에 얼어붙은 호수 위로
눈발이 흩날리는 겨울 아침
고요한 적막 발소리조차 숨죽이고
빙판 아래 겨울잠 자는 생명들

따뜻한 코코아 한 잔 손에 들고
어릴 적 추억 떠올리는 시간
썰매 타던 아이들 웃음소리
마음속 깊은 곳 아련히 울리네

눈 덮인 산길

고독한 겨울 산 눈 덮인 오솔길 따라
발자국 소리만 뽀드득거리는 오후
차가운 바람 뺨을 스치는 아픔 속에
겨울 풍경은 더욱 깊어만 가네

정상에서 바라보는 설산의 풍경
세상의 시름 잠시 잊게 하네
하얀 침묵 속 마음의 평화를 얻고
다시 힘차게 발걸음 옮기는 나

낡은 초가집

차가운 바람 막아주는 낡은 초가집
아궁이 불 지펴 따뜻한 온기 나누네
장작 타는 냄새 그리운 고향의 향기
어머니의 따뜻한 손길 느껴지네

온돌방에 군고구마 먹으며
옛날 이야기 나누는 저녁
소박한 행복 겨울밤을 따스하게 밝히는
가족의 사랑 영원히 빛나리

겨울 갈대밭

황량한 겨울 갈대밭 바람에 흔들리며
애잔한 겨울 노래 부르는 갈대들
차가운 햇살 아래 은빛 물결 일렁이고
석양은 붉게 타오르네

갈대밭 사이로 난 오솔길 따라
겨울의 낭만 만끽하는 시간
바람 소리 갈대 소리 겨울의 속삭임
가슴 속 깊은 곳 잔잔히 울리네

4장

변치 않는 마음으로
함께 직조해나갈 영원한 겨울은
캔버스 위에 펼쳐진
한 폭의 그림과 같다

사랑의 오페라

깊은 밤 설경

고요한 겨울밤 함박눈 소리 없이 내리고
세상은 온통 하얀 도화지
가로등 불빛 아래 눈꽃송이 춤추고
깊어가는 겨울밤 낭만이 가득하네

창밖을 바라보며 따뜻한 차 한 잔
지난 시간 되돌아보는 시간
새하얀 설경처럼 깨끗한 마음으로
새로운 내일을 맞이하리

떨림의 서곡

　창밖 가득 쏟아지는 설화의 향연 은빛 날개가 내려와 세상을 덮듯
　수줍은 첫 만남에 뺨은 석류처럼 붉게 물들고 풋풋한 떨림은 가슴 가득 차오르는 샘물처럼 솟아난다
　가슴은 왈츠처럼 리듬을 타고 설렘은 밤하늘 은하수처럼 쏟아져 내리는 별빛 샤워와 같다
　차가운 겨울바람조차 솜털처럼 부드럽게 감싸 안는
　마법 같은 순간 풋풋한 떨림이 섬세한 서곡을 연주하며 운명의 막을 올린다

추억 조각

  눈꽃 흩날리는 기억의 회랑 발자국 소리는 데칼코마니처럼 겹쳐지고 시간의 미로 속에서 그림자 놀이를 하듯 추억은 되살아난다
  반짝이던 눈망울에는 우주의 별빛이 쏟아져 담기고 귓가에는 아련히 맴도는 사랑의 밀어가 멜로디처럼 흐른다
  그리운 미소는 시간의 베일을 벗고 아련한 추억의 강을 헤엄쳐 건너와 가슴에 파문을 일으킨다
  시간은 영원히 멈춘 듯 그날의 순수했던 열정은
  여전히 가슴 한켠에 꺼지지 않는 불꽃으로 타오르며 영원한 사랑의 순간들을 아름답게 조각한다

겨울비

 차가운 겨울비가 처연히 내리는 밤 우산 아래 드리워진 고독한 실루엣은 흑백 영화 속 슬픈 주인공처럼 애처롭다
 가슴 시린 이별 앞에 억겁의 눈물이 봇물처럼 터져 흐르고 빗물과 눈물이 뒤섞여 슬픔을 더욱 진하게 만든다
 돌아선 그의 뒷모습은 영원히 지워지지 않을 낙인처럼 가슴에 깊이 새겨지고
 메마른 가슴에는 겨울보다 더 텅 빈 심연만이 남아
 그 비애의 무게에 침묵으로 잠겨 영혼마저 젖어 드는 고통스러운 밤

기적의 왈츠

 눈부시게 하얀 설원 위에 기적처럼 아로새겨진 운명적인 재회는 닫힌 문이 열리고 눈부신 운명의 빛이 쏟아지는 순간과 같다
 엇갈린 운명의 굴레를 벗어나 더욱 깊고 단단해진 두 영혼은 자석처럼 서로에게 이끌린다
 잃어버린 반쪽 날개를 다시 찾은 듯 격정적인 감동이 파도처럼 밀려와 온몸을 휘감는다
 다시 피어나는 사랑 영원히 함께하리라는
 간절한 서약을 담아 서로의 눈빛을 마주보며 영원한 사랑의 왈츠를 춘다

사랑 오페라

 겨울연가처럼 영원히 기억될 사랑의 오페라 웅장하고 아름다운 선율이 온 세상에 울려 퍼지고
 변치 않는 마음으로 함께 직조해나갈 영원한 겨울은 캔버스 위에 펼쳐진 한 폭의 그림과 같다
 세월의 시련과 고난에도 굴하지 않을 굳건한 사랑의 서약은 다이아몬드처럼 영원히 빛나고
 영원히 빛나는 두 사람의 겨울 동화는 차가운 세상마저
 따스한 멜로디로 감싸 안으며 운명 교향곡의 웅장한 피날레를 장식하리

그대 어디쯤 오시려나

소슬바람에 문을 활짝 열어젖히니
아직 겨울빛 시린 창가에 어리는 아련한 그리움

떨쳐내지 못한 마음 한 켠에 품고
서성이는 내 마음 그대는 어디쯤 오시려나

오색 융단 꽃잎 수놓인 길 곱게 즈려밟고
사뿐히 걸어오시려나
향긋한 산들바람결에 실려
내 닫힌 마음에 살며시 스며들려나

기다림은 길고 마음은 애달프지만
밤하늘 별 헤듯 그대 오는 길 셈하며 희망을 품네

인연가因緣歌

불운한 그림자 곁에 설까 두려워
삶의 나침반 인연 찾아 길 떠나네
만족 못하면 새 인연 찾아 나서리

다시 오기 힘든 세상 귀한 인연
아무나 만나 삶 병들게 마오
변화와 겸손으로 주님을 만나리

마음 바꾸니 세상 다르게 보이고
몸 바꾸니 건강 찾아오네
주님 사람 만나 주님 자녀 되리니

운명은 만남 따라 달라지는 것
주님의 사람 꼭 만나야 하리
인연 따라 피는 운명의 노래

검단산 자락에서

한 줄기 소낙비 지나간 자리
천사 구름 무등 타고
오색 무지개 피어오르네

다래순 너풀대는 팔당길 큰 골
고사리 굵직하게 솟아오르고
양지 잔디밭에 앉아
할미꽃 어루만지며
자연의 신비에 감탄하네

무지개를 가져 보았으면
무지개에 올라 보았으면
청춘 되어 부풀어 오르는 가슴

아 아 일곱 빛깔 무지개여
그대는 내 마음 아는가
어린 시절 빛바래지 않은
무지개 빛깔 그대로
장년의 가슴속에 영롱하네

자선냄비

텅 빈 마음 채울 것 없고
버릴 것조차 없는 이 몸
어디에 기대어 서야 할지
얼어붙은 시린 가슴

고단한 인생길 아픔 모르는 이들
제 것만 챙기며 헌 옷 버리라 하네
차가운 바람 속 귀 막힌 절규

그리운 님이여 새조차 품는
그 지혜 따르고 싶지만
세상이 나를 가로막네

임이여 간절히 바라옵니다
숨 쉬는 날까지 이웃 사랑하게 하소서
자선냄비 앞에 작은 동전 하나
나누는 따뜻한 손길로
사랑 줍는 넝마주이 되리라

주막

인생은 한 잔 술 주막과 같아
빈손으로 왔다가 빈손으로 가는 길

올 때 그 누가 술잔 들고 왔으며
갈 때 그 누가 술잔 가져가랴

주막 한 켠 슬픔 얼룩진 잔보다는
기쁨 가득한 술잔 놓고 가시라

그래야 뒤따르는 이 행복하여
달콤한 술에 취해 사랑을 노래하리
시름 잊고 흥에 겨워 춤추리

고단한 여정 잠시 쉬어가는 곳
시 한 수 읊고 정 나누며
내일 또 다시 길 떠날 힘 얻으리

인생은 덧없이 흘러가는 강물
오늘 이 순간 술잔 나누며
함께 웃고 함께 울자

주막 문턱 넘어 세상 시름 잊고
마음 가는 대로 노래 부르며
인생의 참된 의미 찾으리

태초의 산맥 신화의 시작

 아득한 옛날 신화가 아스라이 피어나던 태초 혼돈 속에서 솟아오른 태백산맥
  그 웅장한 자태는 시간을 초월한 듯 억겁의 세월을 고스란히 담고 섰네
 겹겹이 이어진 능선은 하늘을 향해 뻗어 오른 거대한 계단
  그 험준한 봉우리마다 신령한 기운이 감돌아 범접할 수 없는 위엄을 드러내네
 동해의 푸른 기운을 끌어안고 서해의 붉은 노을을 가슴에 품어
 한반도의 굳건한 뼈대를 이루며 역사의 풍파 속에서 묵묵히 제자리를 지켜왔으니
 구름은 신성한 산허리에 걸터앉아 잠시 쉬어가고 바람은 전설을 속삭이듯 계곡을 따라 흐르는 물결처럼 노래하네
  태백산맥 그 이름은 곧 우리 민족의 혼이자 억겁의 세월을 묵묵히 이어온 영원불멸의 기상이로다

태백산맥, 침묵의 속삭임

  바람은 부드럽고 섬세한 손길로 산맥을 어루만지며 억새의 은빛 물결을 일으켜 황홀한 군무를 연출하고
  소나무와 잣나무는 굳건하고 푸르른 갑옷을 입고 짙푸른 향기를 온 세상에 가득 퍼뜨려 신성한 기운을 불어넣으니
  계곡물은 맑고 청아한 목소리로 졸졸 흐르며 산새들의 아름다운 지저귐과 조화를 이루어 신비로운 선율을 빚어내네
  때로는 거친 폭풍우가 몰아쳐와 산맥을 뒤흔들고 때로는 부드러운 햇살이 쏟아져 내려 만물을 따스하게 감싸 안으니
  자연의 모든 소리가 혼연일체가 되어 태백산맥의 깊은 침묵을 깨우고 쉼 없이 생명의 노래를 속삭이네
  고요함 속에서 웅장하게 피어나는 영원한 자연의 교향곡이 태백산맥에 신성하게 울려 퍼지네

태백산맥, 어머니의 품

 넉넉하고 포근한 품으로 세상 모든 생명을 따뜻하게 감싸 안으니 마치 그리운 어머니의 넓고 따뜻한 사랑과 같아라
 산새는 편안하게 둥지를 틀고 귀여운 다람쥐는 재롱을 피우고 노루와 사슴은 평화롭게 뛰어노는 낙원이 눈앞에 펼쳐지니
 지친 영혼을 부드럽게 위로하고 상처 입은 마음을 따뜻하게 감싸 안아주는 영원한 안식처 태백산맥이로다
어머니의 품 안에서 영원한 평화를 누리며 새로운 희망을 노래하리
 태백산맥은 영원한 생명의 젖줄이자 우리 민족의 혼이 깃든 신성하고 성스러운 곳이로다 그 숭고한 기상은 영원히 이어지리

가슴 저린 찔레꽃

가시덤불 옹이 속에 숨겨둔
하얀 별 찔레꽃 피어났네
달빛 아래 은하수 꽃잎에 젖고
그리움 한 자락 바람에 실어 보내네

어린 날 찔레꽃 울타리 삼아
숨바꼭질하던 해맑은 웃음소리
가슴 저미는 첫사랑의 아픔도
찔레꽃 향기 속에 아련히 떠오르네

가시 돋친 줄기 슬픔을 감추고
하얀 꽃잎은 눈물처럼 흩날리네
모진 세월 덧없이 흘러가도
변치 않는 순정 찔레꽃

달빛 스민 찔레꽃 그림자 짙어지고
밤새워 속삭이는 풀벌레 소리 애달파
지워지지 않는 얼굴 잊을 수 없는 이름
찔레꽃 향기 따라 영원히 별빛 되어 빛나리

춘분 꽃샘바람에 피는 희망

앞뜰 목련 순백의 꿈을 품고
노란 개나리 봄 마중 미소짓네
춘분의 햇살 아래 꽃망울 부풀어
향긋한 봄의 향연을 예고하네

어젯밤 황사 멎나 했더니
얄궂은 꽃샘바람 매섭게 몰아치네
겨울의 그림자 봄을 시샘하듯
차가운 기운으로 꽃잎을 흔드네

어쩔까나 애타는 목련의 마음
긴 겨울 동면의 아픔 이겨내고
이제 막 화려한 날개 펼치려는데
차가운 바람은 시련을 안겨주네

고운 바람결에 실려오는 희망
따스한 햇살 얼어붙은 대지를 녹이네
동장군 봄의 기세에 밀려
자취를 감추고 물러서네

새 생명 사랑으로 잉태되어
목련은 순결한 자태 뽐내고
개나리는 환한 미소로 화답하네
춘분 꽃샘바람 속에 피어나는 희망의 노래

차가운 바람 속에서도 굴하지 않고
피어나는 꽃들의 강인함처럼
우리네 삶도 그러하리
시련과 고난 속에서 피어나는
아름다운 희망을 노래하리

외상 장부

누런 종이 실로 엮인 낡은 장부에는
한의사 땀방울과 따스한 인정 배어 있네
가난한 백성들의 희망 어린 숨결 깃든 곳
셈판 너머 더 큰 뜻 생명 나눔의 가치 담았네

한 장 한 장 넘길 때마다 삶의 애환 서려 있고
외상값 대신 눈물과 감사가 빼곡히 적혀 있네
돈으로 살 수 없는 숭고한 마음 엿보이니
사랑으로 쓴 연대기 삶의 깊은 부유함 일깨우네

장부 속 이름들은 밤하늘 별처럼 빛나
한의사의 넉넉한 마음 온 세상 가득 밝혔네
텅 빈 곳간 채우는 사랑의 흔적 마음에 새겨
그 깊은 뜻 이제야 깨닫네 선인들의 참사랑을

결실의 노래

지는 꽃잎 붉은 열매 맺는 가을날에
친구야 남은 삶이 얼마일까 가만히 헤아려본다
아껴둔 시간 천천히 음미하며
사브작사브작 이 가을 아름다운 길을 함께 걷자

황홀한 풍경에 마음을 빼앗겨 발길 멈추고
정자에 앉아 쉬어가며 흐르는 땀방울을 훔친다
졸졸 흐르는 시냇물 소리에 귀 기울이며
세상의 시름 잠시 잊고 그렇게 살아보자 친구야

저 멀리 보이는 화려한 문패 아래
혹여 병원 신세 질까 괜스레 걱정도 앞서지만
덧없이 흐르는 세월 그저 아쉬워만 하는 나이
들녘의 황금 물결 풍요로운 결실을 노래하고
하늘 높이 뭉게구름 자유로운 비행을 꿈꾸게 한다

가을 숲, 알밤 소리

나지막한 야산 자락
울창한 숲 짙은 녹음 드리우고
가을 햇살 나뭇잎 사이 쏟아져
황금빛 물결 이루는 오후 두 시

나는 삐뚤빼뚤 캐릭터 그려진 모자
낡은 운동화 흙먼지 풀풀 날리고
밤 줍는 아이 까르르 웃음소리

바람결에 흔들리는 코스모스 수줍게 인사
잠자리 한 마리 맴돌다 사라지고
도토리묵 김밥 시원한 보리차
즐거운 소풍 도시락

땅바닥 뒹구는 밤송이 가시 돋아
조심스레 손 내밀어 알밤 꺼내고
다람쥐 청솔모 재빠르게 지나쳐
밤 줍는 나를 구경하는 듯

집으로 돌아가는 길 붉게 물든 노을
저 멀리 보이는 아파트 단지 정겹고
오늘 주운 알밤 따뜻하게
맛보는 행복한 저녁

시 쓰는 밤

어둠 내린 하늘 별빛 자수 놓고
고요한 밤 시인의 마음은 깊어 가네

달빛 그림자 꿈결처럼 아득하고
바람은 속삭이듯 귓가를 스치네

밤하늘 가득한 별들의 속삭임
마음 깊은 곳 잠든 감성을 깨워
잊혀진 추억을 되살리네

시 쓰는 밤 영혼의 노래 흐르고
가슴 벅찬 감동 펜 끝에 스며들어
한 줄 한 줄 아름다운 시가 되네

시 쓰는 밤 별빛 아래 피어나는 꿈
영원히 간직하고픈 소중한 순간
내 마음속 깊이 영원히 흐르리

노을빛 정원

지는 해 붉은 노을 물든 하늘
나의 정원도 저무네
깊어진 주름 세월 새긴 나무
남은 계절은 얼마나 될까

꽃 피던 봄날 아련한 향기
젊음의 열정 바람에 흩날리고
기억의 뜰에 잠기네

괜찮아 남은 날들은
새로운 씨앗을 심으리
작은 풀잎 속삭이는 새소리에도
마음 깊이 귀 기울이며

욕심의 짐 내려놓고
미움의 가시 뽑아내고
사랑과 용서로 가득 채우리

짧은 걸음 남은 생
진실한 마음으로
세상을 따스히 품어 안으며
한 송이 꽃으로 피어나리

추석, 고향의 그리움

차가운 달빛 아래
선 그림자 눈물짓네
그리운 내 고향 땅
시간 속에 멈춰 섰나
애달픈 마음 달래보네

산새 시냇물 소리
어린 시절 맴돌아 아련
어머니 아버지 미소
그 모습 그대로일까
강산만 변했겠지

둥근 보름달 아래
고개 숙여 간절한 맘
가족 웃음꽃 피는 날
어서 오길 두 손 모아
오늘도 간절히 비네

꽃병과 약병

젊음은 꽃병
화려한 색과 향기로
세상을 물들이네
사랑과 꿈 희망을 담아
찬란한 미래를 약속하지

시간은 흘러
식탁 위 꽃병은 사라지고
약병만이 남네
세월의 무게 삶의 흔적
아픔과 고독을 담고 있네

꽃병과 약병
인생은 덧없이 흐르네
기쁨과 슬픔 만남과 이별
희망과 절망이 교차하는 길

때로는 향기로운 꽃처럼
쌉쌀한 약처럼
인생은 다양한 맛을 선사하지

꽃병의 아름다움에 취하고
약병의 쓰라림을 견디며
우리는 삶의 의미를 찾아가네

결국 꽃병과 약병은
인생의 두 얼굴
아름다움과 슬픔을 모두 끌어안고
오늘을 살아가는 것

돌의 심장에 숨겨진 가락

고요한 망치 소리 침묵을 깨고
정의 날카로운 춤 꿈을 빚어내네

거친 손길 인내의 숨결로
돌의 옷을 벗기고 영혼을 깨우리

차가운 표면 아래 감춰진 불꽃
섬세한 손길 따라 형상으로 피어나
세상의 모든 슬픔 기쁨을 담아내리

시간의 강물 흔적을 새기고
바람의 속삭임 이야기를 더하여
영원히 빛나는 예술의 숨결

나의 조각품 삶의 흔적
그 안에 담긴 나의 모든 것

가을은 나에게는 사색이다

고요한 바람 창가를 스치는 오후
깊은 생각에 잠겨 드는 나
붉게 물든 단풍잎처럼
마음도 짙은 색으로 물들어 간다

지나간 날들의 흔적들
아쉬움과 후회 그림자처럼 따라붙지만
따뜻한 햇살 아래서
마른 가지 끝 맺힌 물방울 보네

가을은 나에게는 사색
나를 돌아보고 미래를 꿈꾸는
소중한 시간 속에서
마음속 깊은 곳 씨앗 하나 심어지네

좋은 아침이었습니다

서울로 이사 온 친구의 집들이 날, 마포구 합정동의 좁은 빌라에서 나는 묘한 감정에 휩싸였다. 고향에서 나름 잘나가던 친구가 자녀의 취업을 위해 서울로 왔다는 사실, 그것은 단순한 이주가 아닌 삶의 방향을 송두리째 바꾼 결단이었다. 서울에 변변한 일자리 하나 없는 친구가 아직은 세파를 견뎌낼 체력이 있다며 아이들의 미래를 위해 왔다는 말에 나는 깊은 감명을 받았다.

"그래, 너답다."

젊은 날의 기백 하나로 살아갈 수 있는 만만한 서울이 아니기에, 나는 진심으로 친구를 응원했다. 하지만 "너 믿고 서울 왔다"는 친구의 말은 나를 짓눌렀다. 거절을 못 하는 성격 탓에 혹시라도 금전적인 부탁을 받을까 조심스러워하며 술잔을 기울였다. 집으로 돌아오는 길, 친구의 의리는 고맙지만 현실은 녹록지 않다는 사실을 순진한 친구에게 어떻게 이해시켜야 할지 고민하며 새벽 4시의 마포 거리를 걷기 시작했다.

느릿한 걸음으로 신수동 사거리에 이르러 3,000원짜리 해장국 한 그릇을 비웠다. 편의점 의자에 앉아 담배 한 대를 태우며 다시 새벽 공기를 가르듯 서강대 후문을 지나 이대

지하철역으로 향했다. 다리가 뻐근해질 때쯤 이대역에 도착했지만, 택시를 타는 대신 2만 원을 벌기로 마음먹었다. 주일 아침, 성당에 가는 것 외에는 특별한 일정도 없으니 30분 일찍 집에 간다고 달라질 것은 없었다.

역 출입구에서 서성이던 나는 자연스레 형성된 새벽 인력시장을 목격했다. 기술자와 일용직 근로자들이 모여 기술은 15~20만 원, 잡일은 10~12만 원에 흥정하는 모습은 치열한 삶의 현장이었다. 잠시 후, 많은 사람이 차를 타고 현장으로 떠나고 역 계단에는 75세의 노인과 나만 덩그러니 남았다.

"어르신은 일하러 안 가세요?"

나는 조심스럽게 말을 건넸다. 무가지 신문을 배포하는 일을 한다는 노인은 한 달 급여가 30만 원이라 했다. 새벽 4시부터 아침 10시까지 신문을 지키는 일, 자녀들은 용돈 한 푼 주지 않아 할머니와 먹고살기 위해 이렇게 나온다고 했다. 10시까지 배포가 끝나면 복지회관에서 점심을 먹고, 교회에서 베풀어주는 1~2천 원을 받기 위해 20분간 줄을 선다는 노인의 이야기는 씁쓸했다. 청량리 밥 퍼 주는 곳에 가면 줄을 서지 않고 밥상을 받을 수 있다는 자랑은 더욱 마음을 아프게 했다.

20만 원짜리 신수동 월세방에 살며 동사무소에서 생계

보조금 15만 원을 받는다는 노인은, 빌어먹을 힘만 있어도 주님의 은총이라며 만족한다고 했다. 맥주병은 100원, 헌 신문 1kg은 50원, 맥주 캔 1kg은 700원. 빈대 간 빼먹는 고물상은 가지 않는다며, 이래저래 모으면 한 달 60만 원 수입이 된다고 자랑스럽게 말했다. 적은 것에 만족하는 것은 분명 어려운 일이지만, 노인의 얼굴에는 미소가 떠나지 않았다. 그것은 삶의 고단함 속에서도 여유를 잃지 않는 산 교육장이었다.

　시간이 나면 할머니와 천안, 일산 등지로 지하철 드라이브를 즐긴다는 노인에게, 나는 오늘 절감될 택시비 2만 원을 드리고 싶었다. 하지만 노인은 "이걸 받으면 다음에 요행을 바라게 된다"며 극구 사양했다. 그럼 음료수라도 대접하고 싶다는 나의 간청에 노인은 겨우 우유 하나를 마시며 자상하게 대답해주었다.

　아침 지하철 안, 텅 빈 좌석에 몸을 싣고 창밖을 바라보았다. 굳게 닫힌 상가들의 셔터 문, 텅 빈 거리, 그 속에서 묵묵히 하루를 시작하는 이름 모를 사람들의 그림자가 스쳐 지나갔다. 문득, 노인이 건네주었던 따뜻한 우유 한 모금이 가슴 깊은 곳에서부터 잔잔한 파동을 일으키는 것을 느꼈다. 새벽 어둠 속에서 만난 노인의 미소, 땀방울, 그리고 희망을 잃지 않으려는 굳은 의지가 고스란히 담겨 있는 듯했다. 그래, 희망은 멀리 있는 것이 아니었다. 절망 속에서도 피어나는 작은 꽃과 같은 것, 바로 우리 곁에 있는 것이었다.

성당 종탑에서 울려 퍼지는 종소리가 새벽의 정적을 깨우고, 낡은 지하철은 덜컹거리는 소리를 내며 어둠 속으로 사라져갔다. 나는 희미하게 밝아오는 하늘을 올려다보며 조용히 다짐했다. 오늘 하루, 나 또한 희망을 잃지 않고 묵묵히 걸어가겠다고. 그리고 언젠가, 누군가에게 따뜻한 손을 내밀 수 있는 사람이 되겠다고. 희망은 희망을 낳고, 긍정은 긍정을 불러온다는 것을, 나는 그 새벽, 이대역 앞에서 만난 노인을 통해 깨달았다. 좋은 아침이었다. 아니, 내 삶을 다시 일으켜 세울 용기를 얻은, 더없이 소중한 좋은 아침이었습니다.

이 세상 아내들에게 말한다

 늦가을, 스산한 바람이 옷깃을 여미게 하는 서울 영등포의 밤거리. 앙상한 가지만 남은 가로수 그림자가 드리워진 좁은 골목길을 따라, 60대 후반의 김 씨가 힘겹게 발걸음을 옮긴다. 보름을 며칠 지난 탓에 둥근 빛을 잃고 약간 찌그러진 달이 을씨년스러운 풍경을 더욱 깊게 드리운다. 촉수 높은 달빛마저 힘겹게 닿는 어둑한 골목길, 퇴근 후 무거운 발걸음을 옮기는 그의 어깨는 잔뜩 움츠러들어 있다. 그는 바로 '아기풍년 세대', 60년대에 태어나 격동의 시대를 온몸으로 겪어낸 이 땅의 아버지다.

 낡은 갈색 점퍼 깃을 세우고, 구겨진 셔츠와 빛바랜 바지 차림의 그의 모습은 고단한 삶의 흔적을 고스란히 보여준다. 짙게 드리운 그림자처럼 그의 어깨는 잔뜩 움츠러들어 있다. 어쩌면 그는 오늘 하루도 숱한 고뇌와 좌절을 삼키며 힘겹게 버텨냈을 것이다. 번잡한 영등포역 주변의 소음은 잦아들었지만, 그의 귓가에는 여전히 상사의 호통과 냉랭한 시선들이 맴도는 듯하다. 젊은 시절, "하면 된다"는 구호 아래 가족과 국가의 성장을 위해 쉼 없이 달려왔던 세대. 그들은 88올림픽의 환희를 함께했고, IMF의 고통을 온몸으로 감내했으며, 디지털 시대의 변화에 적응하기 위해 끊임없이 노력해왔다.

오늘 낮, 그는 또다시 젊은 상사의 버럭거리는 고함과 공중에 흩어지는 서류철을 고개를 움츠린 채 바라보아야 했다. "부장님, 요즘 트렌드를 좀 아셔야죠!" 밟지 않고는 살아남을 수 없다는 눈빛을 가진 젊은 후배들의 날카로운 지적에 그는 씁쓸한 미소를 지을 수밖에 없었다. 점심시간, 그는 동료들과 함께 영등포역 인근의 오래된 설렁탕집을 찾았다. 뜨끈한 국물로 허기를 달래며 잠시나마 시름을 잊어보려 했지만, 식당 안을 가득 채운 젊은이들의 활기찬 대화는 오히려 그의 마음을 더욱 무겁게 만들었다.

한때는 회사 내에서 '아이디어 뱅크'로 불리며 인정받기도 했다. 밤새워 고민하고 정성껏 써 내려간 기획안이 채택될 때면, 그는 세상을 다 가진 듯 뿌듯함을 느끼곤 했다. 하지만 이제는 낡은 그의 경험과 지식은 빠르게 변화하는 시대에 뒤처진 듯 느껴진다. 젊은 세대들의 반짝이는 아이디어와 능숙한 디지털 활용 능력 앞에서 그는 점점 더 작아지는 자신을 발견하곤 한다.

퇴근 후, 그는 습관처럼 영등포역 앞 포장마차에 들러 소주 한 잔을 기울인다. 붉은 플라스틱 의자에 앉아 멸치 안주를 씹으며 잠시나마 시름을 잊어보지만, 텅 빈 그의 마음은 쉽게 채워지지 않는다. 아직 대학생인 막내딸의 학비와 계속되는 물가 상승은 그의 어깨를 더욱 무겁게 짓누른다.낡은 아파트, 희미하게 빛나는 창문 너머로 보이는 단란한 가족의 모습. 그는 잠시 발걸음을 멈추고 그 풍경을 바라본다. 그러나 이내 굳은 표정으로 현관문을 열고 집으로 들어선다. "늦었네, 또 술 마셨어?" 아내의 잔소리가 그의 귓가에 꽂힌다. 그는 아무 말 없이 방으로 들어가 옷을 갈아입는다.

  차가운 공기가 감도는 거실, 텔레비전 소리만이 텅 빈 공간을 채운다. 아내는 리모컨을 든 채 드라마에 열중하고 있고, 아이들은 각자의 방에 틀어박혀 나오지 않는다. 그는 익숙한 듯 소파에 몸을 기대고 앉아 텔레비전을 바라보지만, 그의 시선은 텅 빈 허공을 향하고 있다.

  깊어가는 밤, 그는 홀로 술잔을 기울이며 하루의 고단함을 달랜다. 씁쓸한 술맛처럼 그의 가슴속에는 알 수 없는 슬픔이 가득 차오른다. 그는 과연 내일도 이 무거운 짐을 짊어지고 살아갈 수 있을까. 희미한 달빛 아래, 고독한 가장의 밤은 깊어만 간다.

  나는 이 세상 아내들에게 간절히 부탁한다. 부디, 당신의 남편을 따뜻하게 맞아주세요. 그의 지친 어깨를 감싸 안아주세요. 그의 고독한 밤을 위로해주세요. 당신의 따뜻한 사랑만이 그를 다시 일으켜 세울 수 있습니다.

  영등포 밤하늘 아래, 묵묵히 시대를 견뎌온 한 가장의 뒷모습이 너무나도 쓸쓸해 보인다. 그가 걸어온 길, 그가 짊어진 무게를 조금이라도 헤아려준다면, 이 세상의 많은 아기풍년 세대 가장들이 조금 더 행복한 노년을 맞이할 수 있지 않을까.

아 –
달빛 참 곱다.